BOEKANALYSE

Wachten op Godot

· · · · · · · · · · · · · · · · ·

SAMUEL BECKETT

BOEKANALYSE

Geschreven door Alexandre Randal
Vertaald door Nikki Claes

Wachten op Godot

Samuel Beckett

SAMUEL BECKETT

IERSE ROMANSCHRIJVER, DICHTER EN TONEELSCHRIJVER

- **Geboren in 1906 in Dublin**
- **Overleden in 1989 in Parijs**
- **Enkele van zijn werken:**
  - *Molloy* (1951), roman
  - *Wachten op Godot* (1952), toneelstuk
  - *Fin de partie* (1957), toneelstuk

Samuel Beckett was een Ierse schrijver, geboren in Dublin in 1906. Hij was docent Engels aan de École Normale Supérieure in Parijs in 1928-1929 en verhuisde in 1938 naar de Franse hoofdstad. In 1945 begon hij werken in het Frans te schrijven, zoals zijn roman *Molloy* (1951) en het toneelstuk *Wachten op Godot* (1952).

Samuel Beckett, winnaar van de Nobelprijs voor literatuur in 1969, is een belangrijk schrijver van wat wel het theater van het absurde wordt genoemd, die met zeer zwarte humor het verval en de luiheid van de moderne mens uitbeeldt. Hij stierf in 1989.

WACHTEN OP GODOT

HET ABSURDE ALS VOORWAARDE VOOR DE MODERNE MENS

- **Genre**: theater van het absurde
- **Referentie-uitgave**: *En attendant Godot*, Parijs, Éditions de Minuit, 1952, 136 blz.
- **1ᵉ uitgave**: 1952
- **Thema's:** wachten, inactiviteit, zoeken naar betekenis, wanhoop

Wachten op Godot, gepubliceerd in 1952, is Samuel Becketts beroemdste toneelstuk. Het werd geregisseerd door Roger Blin in 1953 in het Théâtre Babylone in Parijs. Twee mannen, Vladimir en Estragon, wachten tevergeefs op een zekere Godot, die nooit komt. Ze draaien rond in cirkels en proberen verveling en wanhoop te bedriegen met de illusie van een taal die niets anders is dan ijdel geklets. Ondanks de soms heftige reacties ten tijde van de totstandkoming van dit onthutsende en verontrustende toneelstuk, werd het een internationaal succes.

SAMENVATTING

Dit toneelstuk is verdeeld in twee aktes. Het toont de crisis van het personage in zoverre de vier protagonisten op het toneel niets doen en geen doel hebben, behalve wachten op Godot, die de grote afwezige van het stuk is. Bovendien worden de gebeurtenissen eindeloos herhaald, zonder enig teken van evolutie.

AKTE I

Op een avond, op "een landweggetje met een boom" (p. 9), ontmoeten Vladimir en Estragon, twee haveloze vagebonden. Estragon heeft de nacht in een greppel doorgebracht en is geslagen, zoals hij Vladimir vertelt. Eerst maken de twee vrienden ruzie, dan maken ze het goed. Ze praten.

Zoals elke dag wachten ze op Godot, die hen heeft verteld dat hij zou kunnen komen. Estragon valt in slaap en Vladimir maakt hem wakker omdat hij zich eenzaam voelt. Estragon wil hem zijn droom vertellen, maar Vladimir weigert. Een ander argument, een andere verzoening. Ze overwegen zich op te hangen, maar Estragon besluit: "Laten we niets doen. Het is veiliger." (p. 22)

Dan komen Pozzo en Lucky binnen, de eerste houdt de laatste aan de lijn, Pozzo eet en kletst met Vladimir en Estragon. Ze proberen te praten met Lucky, die niet antwoordt. Vladimir en Estragon hebben medelijden met de knecht die door zijn meester wordt mishandeld, maar na een pathetische toespraak van Pozzo wordt de situatie volledig omgedraaid en beschuldigen zij Lucky ervan wreed tegen hem te zijn. Lucky doet wat hem gezegd wordt: hij danst en houdt dan een lange, verwarde, pseudo-wetenschappelijke en filosofische toespraak, doorspekt met stotteren. Lucky en Pozzo vertrekken uiteindelijk.

Een jongen komt binnen en vertelt Vladimir en Estragon, dat meneer Godot niet komt, maar dat hij misschien de volgende dag komt. De handeling eindigt met de zin van Vladimir: "Laten we gaan", en de daarop volgende didascaliën: "Ze bewegen niet." (p. 75)

ACTE II

De volgende dag, op dezelfde tijd en plaats, ontmoeten Vladimir en Estragon elkaar weer na een scheiding: "Aan de boom zitten wat bladeren." (p. 79) Estragon is weer in elkaar geslagen, en de twee zwervers discussiëren over de vraag of ze uit elkaar moeten gaan, maar de discussie loopt op niets uit.

Estragon kan zich niet herinneren wat ze de vorige dag hebben gedaan, terwijl Vladimir hem ondervraagt om zijn geheugen op te frissen. Ze spelen Pozzo en Lucky. Als ze denken dat er iemand aankomt, staan ze op de uitkijk.

Pozzo en Lucky maken opnieuw hun entree, maar deze keer is Pozzo blind, terwijl Lucky, volgens zijn meester, stom is. Pozzo lijkt zich niet te herinneren dat hij de vorige dag iemand heeft ontmoet, en als Vladimir hem verbaasd vraagt hoe lang hij al blind is, voert hij aan zijn handicap elk besef van tijd wegneemt: "Vraag het me niet. Blinden hebben geen besef van tijd. Ze zien de dingen van de tijd ook niet. (p. 122)

Pozzo en Lucky vertrekken voordat de jongen terugkeert. Hij is dezelfde als de vorige dag, zegt de routebeschrijving, maar hij beweert iemand anders te zijn. Godot komt vanavond ook niet, maar misschien wel de volgende dag, zegt hij tegen Vladimir en Estragon.

De twee vrienden overwegen opnieuw zichzelf op te hangen, maar geven het op omdat het touw niet sterk genoeg is. Deze keer is het Estragon die zegt: "Laten we gaan," en de regie zegt, net als de eerste keer: "Ze bewegen niet." (p. 134) Gordijn.

KARAKTERSTUDIE

VLADIMIR EN DRAGON

Het stuk geeft weinig aanwijzingen over de twee hoofdpersonen. Het zijn vagebonden gekleed in "vodden" (p. 14). Ze dragen allebei bolhoeden. Pozzo geeft hen 60-70 jaar oud (p. 37), en Vladimir schat dat hij ongeveer 50 jaar bij Estragon is (p. 74).

In de loop van de gesprekken noemen ze enkele elementen uit hun verleden. Zo leren we bijvoorbeeld dat ze volgens Vladimir – door Estragon soms "Didi" genoemd – ooit naar de druivenoogst in de Vaucluse zijn geweest; maar Estragon – of "Gogo" voor Vladimir – lijkt zich dit niet te herinneren (p. 86). We zullen er niet veel meer over weten.

De twee personages functioneren als een komisch duo. Estragon is onhandig, verliest vaak zijn evenwicht, en is het middelpunt van visuele grappen, zoals de moeilijkheid om zijn schoen uit te trekken. Hij kan zich niets herinneren, zelfs niet wat hij de dag ervoor heeft gedaan. Vladimir daarentegen herinnert zich gebeurtenissen. Hij is degene die Estragon ondervraagt, hij leidt vaak de dialoog en kan zelfs langere toespraken houden. Hij heeft de Bijbel gelezen, of tenminste de evangeliën, en aan het begin van de eerste akte vertelt hij zijn vriend over een bepaalde tegenstrijdigheid die hem is opgevallen (blz. 14-16). Estragon luistert soms afgeleid naar hem.

Beiden zijn kenmerkend voor Becketts personages: fysiek verminderd. Dit is bijvoorbeeld ook het geval in het toneelstuk *Fin de Partie*. Het zijn eerder variaties van hetzelfde model dan verschillende actoren in een acteerschema dat noodzakelijkerwijs onvolledig is omdat de plot van het stuk niet vordert. Estragon en Vladimir boeken geen vooruitgang, ze blijven dezelfde ideeën herhalen en komen nergens. Ze vullen de leegte van hun leven door rollen te spelen; Ze spelen ruzie en maken het goed; ze hebben plezier in het spelen van Pozzo en Lucky, maar ze acteren nooit echt. Ze articuleren alleen woorden. Soms lijken ze koortsig en worden ze plotseling agressief tegen elkaar.

POZZO EN LUCKY

Pozzo en Lucky vormen het tweede duo in het stuk. Ze dragen ook bolhoeden. Pozzo draagt een bril. Ook zij zijn onderweg en komen steeds weer langs dezelfde plek. Zij zijn echter in zekere zin de omgekeerde dubbelgangers van Vladimir en Estragon. Zij zijn immers verbonden door hun vriendschap en steunen elkaar. Ze lijken zich buiten de tijd te bevinden, ontsnapt aan alle externe beperkingen; ze zijn slechts afwachtend en afgeleid, in een soort parallel universum.

Pozzo en Lucky daarentegen, wier duet gebaseerd is op een dubbelzinnige machtsverhouding die elk moment omkeerbaar lijkt, lijken meer geworteld in de harde realiteit van een gewelddadige wereld. Pozzo, de meester, houdt Lucky vast aan een touw dat aan zijn nek is gebonden en dwingt hem voorwaarts met een zweep. De bediende draagt "een zware koffer, een klapstoel, een boodschappenmand en een jas (*aan zijn arm*)" (p. 28). Pozzo beledigt zijn bediende, noemt hem voortdurend een varken en geeft hem voortdurend harde bevelen zoals een hond – Lucky wordt zelfs gedwongen op een gegeven moment de zweep tussen zijn tanden te nemen (blz. 32). Maar hij is ook afhankelijk van Lucky, vooral in de tweede akte, wanneer hij blind is.

Lucky is een personage dat de twee uitersten van de taal combineert: stilte en leeg geklets. Zijn pseudo-wetenschappelijke toespraak is niets anders dan wartaal. Hij is zowel onderdanig aan zijn meester, maar ook agressief wanneer Estragon hem een zakdoek overhandigt. Hij lijkt oud: "Vroeger danste hij beter," zegt Pozzo, "nu is hij moe." (p. 56)

Pozzo daarentegen houdt lange tirades, een betoog dat altijd hol is, zoals in de parodie op de lyrische toespraak over de hemel:

> "(Zijn stem wordt zangerig) Ongeveer een uur geleden (Hij kijkt op zijn horloge, prozaïsche toon) (Toon weer lyrisch) nadat hij ons sinds (Hij aarzelt, toon zakt) laten we zeggen tien uur in de ochtend (Toon stijgt) zonder haperende stortvloeden van rood en wit licht, begon het zijn glans te verliezen, te vervagen." (p. 51-52)

Pozzo en Lucky zijn dus ambivalente personages die facetten vertegenwoordigen van de menselijke conditie, de relatie met anderen, de kwestie van de macht en, zoals alle personages van Beckett, de relatie met taal.

DE JONGEN

De jongen komt twee keer tussenbeide, om Vladimir en Estragon te waarschuwen dat meneer Godot niet komt. De tweede keer herinnert hij zich niet dat hij de dag ervoor kwam. Hij werkt voor Mr. Godot en zorgt voor de geiten. Zijn broer houdt de schapen.

SLEUTELS TOT HET LEZEN

ARTISTIEKE INVLOED

Van oktober 1936 tot april 1937 besloot Beckett, toen midden in een existentiële en creatieve crisis, zijn functie als docent aan het Trinity College in Dublin op te geven om een reis naar nazi-Duitsland te maken. Als groot liefhebber van kunst, en in het bijzonder van de schilderkunst, zag Beckett deze reis als een manier om "de confrontatie aan te gaan met kunstwerken […] om via hen te zoeken naar een andere manier van schrijven die een effect zou kunnen teweegbrengen dat vergelijkbaar is met dat wat zij teweegbrengen, dat wil zeggen een die in staat zou zijn het intellectuele karakter van de verbalisering te overstijgen om rechtstreeks de gevoelige manier van zijn te raken, met dezelfde kracht als de beelden." (LAMBERT S., *Before Godot*, 2016, p. 55)

Op 14 februari 1937 viel zijn oog in Dresden op een schilderij: *Two Men Contemplating the Moon* van Caspar David Friedrich (Duitse schilder, 1774-1840). Beckett, hoewel niet erg dol op de romantische schilders – hij zegt dat Friedrichs schilderij "Romantiek met een verschil" is (KNOWLSON J., *Beckett*, p. 336) – voelt iets speciaals aan het schilderij. Volgens James Knowlson, Becketts literatuurprofessor en biograaf, vertelde hij later aan een van zijn vrienden dat dit schilderij de bron was van zijn toneelstuk.

Caspar David Friedrich is de meest emblematische kunstenaar van de Duitse Romantische schilderkunst. Hij is het bekendst om zijn werk *De reiziger die een zee van wolken aanschouwt* (1818). Het schilderij dat Beckett inspireerde, *Two Men Contemplating the Moon*, toont twee mannen die schuin staan en naar de ondergaande maan staren. Het landschap om hen heen is onherbergzaam; rechts van hen staat een ontwortelde boom. De twee mannen, de een leunend op de ander, lijken stil te staan, toeschouwers van een werkelijkheid waaraan zij geen deel hebben. "Vladimir: "Zullen we gaan?" Estragon: "Laten we gaan." *Ze bewegen niet* (p. 75). Ze blijven daar staan, de maan aanschouwend, aan de voet van de boom.

HET THEATER VAN HET ABSURDE

Het was de criticus van *Figaro Littéraire*, Jacques Lemarchand (Franse schrijver en criticus, 1908-1974), die in zijn artikelen Samuel Beckett, Eugène Ionesco (Franse toneelschrijver van Roemeense afkomst, 1909-1994) en Arthur Adamov (Franse toneelschrijver van Russische afkomst, 1908-1970) samenbracht onder de noemer "theater van het absurde", wat de drie auteurs nooit hebben beweerd. [e]Na het trauma van de Tweede Wereldoorlog (1939-1945) en de ontgoocheling van een 21e EEUW WAARIN God dood is, volgens Nietzsche (Duits filosoof, 1844-1900), hebben filosofen als Jean-Paul Sartre (Frans filosoof en schrijver, 1905-1980) en Albert Camus (Frans schrijver, 1913-1960) de term "absurd" hoog in het vaandel gedragen, die volgens hen de toestand definieert van de moderne mens die veroordeeld is tot vergeefs zoeken naar de zin van het bestaan.

EXISTENTIALISME EN THEATER VAN HET ABSURDE

Het existentialisme is een denkschool die ontstond bij de filosofen Søren Kierkegaard (Deens filosoof, 1813-1855) en Karl Jaspers (Duits psychiater en filosoof, 1883-1969). In de literatuur zijn haar vertegenwoordigers Jean-Paul Sartre en Albert Camus. Hoewel verdeeld in verschillende scholen, richt het existentialisme zich op de studie van het menselijk bestaan, zijn betekenis en zijn mogelijkheden, waarbij het stelt dat de mens vrij is in zijn keuzes en de enige meester is over zijn bestaan.

Het theater van het absurde is een direct gevolg van de eerste existentialistische literaire werken, waarvan Sartre's *La Nausée* (1938) en Camus's *L'Étranger* (1942) de archetypische werken zijn. In het decennium na de Tweede Wereldoorlog stelden de toneelschrijvers van de absurdistische beweging in wezen de menselijke conditie en de zin van het leven ter discussie, in een tijd waarin de mensheid in wanorde verkeerde en gedesillusioneerd was door het paroxisme van geweld dat tijdens de zes oorlogsjaren was bereikt.

Het absurde in *Wachten op Godot*

Het personage waarop Vladimir en Estragon wachten is vaak geïnterpreteerd als een figuur van God ('Godot' komt van 'God' in het Engels). Het stuk is dus een allegorie van de absurditeit van het menselijk bestaan, doorgebracht in de hoop op een God die niet komt. Maar Beckett heeft altijd geweigerd dat dit zijn bedoeling was. Voor hem is de betekenis van zijn werk meervoudig, en de naam Godot zou evengoed gekoppeld kunnen worden aan "godillot", als verwijzing naar de schoen van Estragon, als beeld van spot. En inderdaad, als een toneelstuk met een open einde en een inconsistente plot en dialoog, kan het gemakkelijk vele interpretaties krijgen en blijft het dus opstandig voor een onherroepelijke analyse.

 ## BECKETT ALLEEN

Beckett, trouw aan zijn zelfbeeld, verwoordt zijn weigering om betekenis toe te kennen aan zijn stuk perfect in een brief aan Michel Polac (Frans journalist, 1930-2012):

"Ik heb geen ideeën over theater. Ik weet er niets van. Ik ga niet. Dat is acceptabel. Wat waarschijnlijk minder acceptabel is, is ten eerste om onder deze omstandigheden een toneelstuk te schrijven, en ten tweede, als je dat gedaan hebt, er ook geen ideeën over te hebben. Dit is helaas mijn geval. Het is niet iedereen gegeven om van de wereld die zich onder de bladzijde opent naar de wereld van winst en verlies te kunnen gaan, en weer terug, ongestoord, als tussen de fabriek en het Café du Commerce. Ik weet niet meer over dit stuk dan iemand die het aandachtig leest. Ik weet niet in welke geest ik het geschreven heb. Ik weet niet meer over de personages dan wat ze zeggen, wat ze doen en wat er met ze gebeurt. Van hun uiterlijk moest ik aangeven wat ik kon zien. De bolhoeden, bijvoorbeeld. Ik weet niet wie Godot is. Ik weet niet eens, zeker niet, of hij bestaat. En ik weet niet of ze het geloven of niet, de twee die op hem wachten. De andere twee die aan het eind van elk van de twee aktes komen, moeten de monotonie doorbreken. Voor zover ik kon zien, liet ik het zien. Het is niet veel. Maar het is genoeg voor mij, en meer dan genoeg. Ik zou zelfs zeggen dat ik met minder tevreden zou zijn geweest. Wat betreft het zoeken naar een bredere en hogere betekenis van dit alles, om mee te nemen na de show, met het programma en de ijslollies, zie ik het nut er niet van in. Maar het moet mogelijk zijn. (Brief van Samuel Beckett aan Michel Polac, *januari 1952*)

Hij herhaalt dit onderscheid tussen God en Godot in een kernachtige zin uit een van zijn brieven aan Ralph Richardson (Brits acteur, 1902-1983), die elke speculatie over de werkelijke identiteit van Godot afsluit: "Als ik met Godot God had bedoeld, zou ik God hebben gezegd, niet Godot."

Voor de auteur is dit alles: het is aan ieder van ons om de betekenis te zien die bij hem past, maar laten we hem geen bepaalde toeschrijven. Toch is het niet toevallig dat veel commentatoren – zo niet alle – het erover eens zijn dat Beckett behoort tot een theater van het absurde dat de nadruk legt op een betekenisloze menselijke toestand.

Er zijn verschillende passages over God (p. 108), Jezus (p. 73) of episodes uit de Bijbel (p. 15 en 117) in zijn tekst, bijvoorbeeld wanneer Vladimir aan Estragon het verhaal van de twee dieven vertelt en zich verwondert over de verschillende versies van de episode die door de evangelisten worden gerapporteerd (p. 15). Dit verhaal kan worden gelezen als een allegorie van de menselijke conditie, die hier wordt teruggebracht tot twee mogelijkheden: gered worden door God of verdoemd worden. Maar kan God mensen redden? Want uiteindelijk weten we niet waar het verhaal over gaat; misschien waren de twee dieven verdoemd, waardoor het bestaan van God in twijfel werd getrokken. Zal Godot – tot wie Estragon en Vladimir "een soort gebed" hebben gericht (p. 23) en die een witte baard draagt, zoals de meeste voorstellingen van God (p. 130) – het wachten van Didi en Gogo begrijpen?

Andere toespelingen versterken deze interpretatie van het stuk. Zo tooit Beckett zijn personages meermaals met een universeel aspect: "[…] de mensheid is ons, of we dat nu leuk vinden of niet" (p. 112); "Wij zijn mensen" (p. 115); "Het is de hele mensheid" (p. 118). En Pozzo komt op ironische wijze de relatie van de mens met God vaststellen: "Jullie zijn echter mensen. (Voor zover ik kan zien. Van dezelfde soort als ik. Van dezelfde soort als POZZO! Van goddelijke oorsprong" (p. 30)

De hele mensheid gelooft dat zij van goddelijke oorsprong is en wacht op de komst van God, een God die misschien nooit komt, die misschien niet bestaat. Zelfs Becketts personages, hoewel gereduceerd tot wachten, lijken lucide over de absurditeit en inconsistentie van hun bestaan, dat is als een droom of een nachtmerrie. Verschillende passages tonen dit aan, zoals die waarin Estragon zijn vriend wil vertellen over zijn droom:

> *"Estragon. Ik droomde dat…*
> *Vladimir – vertel het niet!*
> *Estragon (gebaart naar het universum) – Is dit genoeg voor jou?" (p. 19)*

Verderop wordt Pozzo cynisch door de nacht – of de dood – op te roepen: "[…] achter deze sluier van zachtheid en kalmte (*hij slaat zijn ogen op naar de hemel, de anderen doen hem na, behalve Lucky*) galoppeert de nacht (*zijn stem wordt levendiger*) en zal ons komen bespringen (*hij knipt met zijn vingers*) pfft! zo – (*inspiratie verlaat hem*) wanneer we het het minst verwachten. (Zo gaat dat op deze aarde. (p. 52) Estragon zegt ironisch: "We vinden altijd wel iets, nietwaar, Didi, om ons het gevoel te geven dat we bestaan?" (p. 97) En Vladimir is niet te overtreffen: "Het is waar dat we, door met gevouwen armen de voor- en nadelen af te wegen, ook onze toestand eer aandoen." (p. 112)

Ze vragen zich af: "En wij dan? [Wat is onze rol hierin?" (blz. 24) Vladimir heeft een echte gewetenscrisis (blz. 128), maar hervat dan zijn wachtende houding zoals hij dat ook op de andere dagen deed.

 ## IONESCO'S MENING

Enkele dagen na de dood van Samuel Beckett gaf een andere grote schrijver van het absurdistisch theater, Eugène Ionesco, zijn mening over de Ierse schrijver in een interview van 4 januari 1990 met Guy Dumur (Frans schrijver en litera-tuurcriticus, 1921-1991) van het weekblad *Le Nouvel Observateur*. Ionesco vat het werk van Becket briljant samen en geeft zijn mening over Godot:

> *"Het zijn vooral de grote thema's van dood en existentiële malaise die belangrijk zijn in het werk van Beckett: hij schreef in een tijd waarin het politieke theater en het theater van de boule-vard centraal stonden. Hij trok zich hier niets van aan. Hij vernie-tigde het oude theater en creëerde een compleet nieuw theater. Hij ensceneert het leven in zijn wezenlijke grondslagen, de relatie van de mens met zichzelf, met het transcendente, met het godde-lijke. Zijn commentatoren waren het er misschien niet mee eens, en hijzelf gaf nooit commentaar op zijn werk, maar ik heb altijd gedacht: Wachten op Godot drukt het wanhopige wachten op God uit. Men kan Beckett niet begrijpen, men kan zijn theater niet begrijpen als men deze metafysische dimensie wegneemt. (Bouhey A., Le tragique chez Eugene Ionesco)*

Zo zijn er in het hele stuk zichtbare sporen van deze absurdi-teit waarin Beckett weigert zichzelf te herkennen.

Klassiek theater geminacht

In ieder geval doorkruist het stuk zeker de conventies van het klassieke theater door het opzetten van:

- actie die niet vooruit gaat ("Er gebeurt niets, niemand komt, niemand gaat, het is verschrikkelijk", zegt Estragon in akte I, p. 57-58);

- dialoog gebaseerd op details, dagelijks leven en herhaling, wat de plot niet vooruit helpt.

Het stuk heeft twee aktes en is, zoals veel moderne toneelstukken, niet onderverdeeld in scènes. De twee aktes zijn dus twee taferelen, als twee zijden van een spiegel. Het stuk is een lang wachten, een mars naar niets en nergens, en daarin weerspiegelt het de kenmerken van het absurde.

DE TAAL

Het vullen van de leegte van het bestaan

Aangezien er niets gebeurt in het stuk wordt de enige actie spraak, maar het is een wanhopige taal die er alleen is om de leegte van het bestaan te vullen.

> *"Estragon: [...] We kunnen niet zwijgen.*
> *Vladimir – Het is waar, we kunnen niet stoppen met praten.*
> *Estragon – Dat is voor het niet nadenken.*
> *We hebben excuses.*
> *Estragon: Dat is voor het niet horen.*
> *Vladimir – We hebben onze redenen. (p. 87)*

Dus zelfs wanneer de dialoog de mogelijkheid biedt om informatie te verstrekken, zoals wanneer de jongen Vladimir en

Estragon komt waarschuwen, wordt hij geparasiteerd door obstakels: de twee metgezellen vallen de jongen lastig om te spreken, en wanneer hij op het punt staat dat te doen, onderbreken ze hem en verhinderen ze hem te zeggen wat hij te zeggen heeft. Taal is daarom slechts een afspiegeling van de leegte: ze is niet in staat de werkelijkheid uit te drukken en is er alleen om de tijd te doden.

Spraakfiguren

Na deze benadering van spreken om het spreken introduceert Beckett enkele stijlfiguren, zoals deze lange assonantie met de klank 'en':

> "*ESTRAGON: We wachten.*
> *VLADIMIR – Ja, maar terwijl we wachten?*
> *ESTRAGON – Waarom hangen we onszelf niet op?*
> *VLADIMIR – Dat zou een manier zijn om een stijve te krijgen.*
> *ESTRAGON (geërgerd) – Een stijve?" (p. 21)*

De ijdelheid van de taal wordt verder geïllustreerd door verschillende tegenstellingen tussen wat wordt gezegd en wat wordt gedaan. Zo eindigt elk van de twee aktes met de woorden "Let's go" gevolgd door de didascalie "*They're not moving.*"

 IONESCO'S MENING

De herinneringen van de auteur van *The Bald Cantatrice in* zijn interview met Guy Dumur op 4 januari 1990 geven inzicht in Becketts visie op zwijgen en spreken:

"Ik herinner me dat ik Samuel Beckett zag met de schilder Bram Van Velde [Nederlandse schilder, 1895-1981] in de Coupole. Ze brachten uren samen door, roerloos, zonder een woord te wisselen. Als ze uit elkaar gingen, zei Beckett: "We hebben het leuk gehad," en dat was alles. Als ik aan hem denk, denk ik aan deze zin van Alfred de Vigny [Franse schrijver, 1797-1863]: "Alleen stilte is groot, al het andere is zwakte".

"Voor Beckett was spraak gewoon praten. Het was nutteloos. Het werd het theater van het absurde genoemd. De uitdrukking werd bedacht door een Engelse criticus, Martin Esslin. Het werd ook toegepast op mijn eigen stukken en die van Adamov, de toneelschrijver die vandaag ten onrechte vergeten is. We spraken over het absurde omdat het een tijd was waarin we vaak spraken over het absurde van Sartre, Bataille, Camus, Merleau-Ponty. Het was een zeer modieuze term in de jaren 50.

REPETEREN EN WACHTEN

Het stuk speelt zich af in een soort non-plaats en in een onge-definieerde tijd. Het enige decorstuk is een boom, die ook de enige aanwijzing geeft van het verstrijken van de tijd: 's nachts groeien er bladeren.

Verder lijkt de tijd stil te staan. De personages zijn in het midden van nergens, gewoon aan het wachten. Wat doen we," zegt Vladimir, "dat moeten we ons afvragen. We hebben de kans om erachter te komen. Ja, in deze immense verwarring is maar één ding duidelijk: we wachten op de komst van Godot. (p. 112) Toch blijft dit wachten zelf onnauwkeurig: ze wachten op Godot, hoewel ze er niet zeker van zijn dat hij ooit zal komen, en ze weten niet precies wat ze van hem willen.

Ze verliezen de tijd uit het oog en elke dag is een eeuwige herstart. De dialogen en situaties worden vaak herhaald.

Elke mogelijkheid tot actie wordt ontkend. Zelfs de dood, die de enige uitweg zou zijn uit deze eindeloze cyclus, wordt slechts door de twee metgezellen overwogen en nooit gerealiseerd. Om deze leegte op te vullen, hoeven ze alleen maar te praten. De dialogen, zinloos en repetitief, gaan nooit vooruit. Het zijn altijd dezelfde valse argumenten en verzoeningen.

Anderzijds is het object belangrijk: de stille passages van het hanteren van accessoires, zoals de schoenen of de hoed die van het ene hoofd naar het andere gaat, zijn slechts manifestaties van leegte, en van de afwezigheid van betekenis en doel.

TRAGISCH EN KOMISCH

Wachten op Godot mengt perfect tragische elementen en komische situaties.

Vladimir en Estragon, gevangenen van hun sterfelijke toestand, symboliseren de existentiële angst waarmee de personages van het theater van het absurde worden geconfronteerd. Ze wachten op Godot, maar er komt niemand, en de volgende dag wachten ze nog steeds en doden ze de tijd alleen met nutteloos geklets. Het gevoel van leegte dat voortkomt uit dit wachten is verontrustend; de personages worden verdronken in de tijd en worden geconfronteerd met de angst van een bestaan zonder echt doel. Het leven zelf is een ondraaglijk wachten geworden. Voor de twee hoofdpersonen is de tragedie dus het wachten op een mogelijke bevrijding die zin zou geven aan hun leven. "We wachten. We vervelen ons." (p. 113) De tragiek van het menselijk lot en de zinloosheid van het leven brengen hen ertoe de dood te benaderen en zelfs te overwegen: "Op een dag worden we geboren, op een dag sterven we" (p. 126); "Wat als we onszelf zouden ophangen?" (p. 132) Wachten op Godot toont dus de leegheid van het bestaan en de tragiek van de menselijke conditie, terwijl het tegelijkertijd de hoop ensceneert dat er uiteindelijk iets zou kunnen gebeuren.

Het komische aspect van het stuk is gebaseerd op situationele komedie, onlogische woorden en tegenstrijdige scènes tussen de woorden van de personages en de regieaanwijzingen. Een voorbeeld is de burleske situatie van de eindeloze uitwisseling van hoeden tussen Vladimir en Estragon, die doet denken aan de gags van het komische duo Laurel en Hardy (p. 101). Er is ook de passage waarin Pozzo, Estragon en Vladimir om de beurt afscheid van elkaar nemen, ook al zegt de regieaanwijzing anders en beweegt niemand (p. 65). Of de komedie van de herhaling, zoals het eeuwige "We wachten op Godot" dat Vladimir en Estragon herhaaldelijk zingen. Bovendien gebruikt de auteur mise en abyme om de humor van het stuk te versterken met veel zelfspot: "Er gebeurt niets, niemand komt, niemand gaat, het is verschrikkelijk." (p. 57-58)

In deze eindeloze zoektocht naar betekenis stelt de lach ons in staat de tragedie van de menselijke conditie te bespotten en het wachten op een gebeurtenis die, als hij zou plaatsvinden, het betekenis zou geven, beter te verdragen. Deze zwarte humor, die in het hele stuk aanwezig is, komt duidelijk naar voren in sommige zinnen van de personages, bijvoorbeeld wanneer Vladimir tegen Estragon zegt dat hij dichter had zijn en Estragon antwoordt: "Dat was ik ook. (*Gebaar naar zijn vodden*.) Zie je dat niet?" (p. 14); of in verband met de dans van Lucky:

> *"Pozzo – [...] Weet je hoe hij het noemt?*
> *Estragon – De dood van de lantaarnopsteker.*
> *Vladimir – De kanker van oude mannen." (p. 56)*

Dit toneelstuk, geïnspireerd op het schilderij van Friedrich, is een perfecte synthese van Becketts obsessies met de onmogelijkheid van menselijke communicatie en extreme menselijke eenzaamheid.

MOGELIJKHEDEN TOT BEZINNING

EEN PAAR VRAGEN OM OVER NA TE DENKEN...

- Wat maakt dit stuk anders dan klassiek theater? Wat doet Beckett met de regel van drie eenheden?

- Kunnen we een traditioneel portret van de personages tekenen? Zijn ze van elkaar te onderscheiden?

- Waarom kunnen we zeggen dat de personages karikaturen zijn?

- De twee hoofdrolspelers zijn zwervers. Heeft dit een bijzondere betekenis?

- Welke rol speelt taal in dit werk? Beargumenteer met voorbeelden uit het stuk.

- Vergelijk dit stuk met *Fin de partie*. Is Beckett's aanpak hetzelfde? Rechtvaardig.

- Leg uit hoe het ontstaan van het absurde theater samenhangt met de politieke context van die tijd.

- Waarom denkt u dat Beckett het tragische en het komische met elkaar verbindt?

- Vergelijk dit stuk met de stukken van Adamov en Ionesco. Wat zijn de overeenkomsten en verschillen?

- Dit werk is een groot succes. Hoe verklaar je dit?

- Gezien het ontbreken van actie, hoe zou u *Waiting for Godot regisseren*?

OM VERDER TE GAAN

REFERENTIE-UITGAVE

BECKETT S., *Wachten op Godot*, Parijs, Éditions de Minuit, 1952.

BENCHMARKSTUDIES

ARON P., SAINT-JACQUES D. EN VIALA A., *Le Dictionnaire du littéraire*, Parijs, PUF, coll. « Quadrige », 2004, blz. 2-3 en 216-217.

ASSOULINE P., « Sur Godot, on n'attendait plus que Beckett » in *La République des livres*, 5 december 2015, geraadpleegd op 31 augustus 2016.

http://larepubliquedeslivres.com/sur-godot-natten-dait-plus-que-beckett/

BECKETT S., *Brieven, II: De Godot-jaren: (1941-1956)*, Parijs, Gallimard, serie « Blanche », 2015.

BOUHEY A., *Le tragique chez Eugene Ionesco,* geraadpleegd op 22 september 2016.

http://abouhey1.free.fr/ionesco_voyages.htm

ÉMELINA J., "Samuel Beckett and the Tragic (*Waiting for Godot, Fin de Partie*)", in *Loxias*, 20 december 2009, geraadpleegd op 31 augustus 2016.

http://revel.unice.fr/loxias/index.html?id=3173

KNOWLSON J., *Beckett*, Arles, Actes Sud, coll. « Babel », 2007.

LAMBERT S., *Avant Godot*, Parijs, Arléa, coll. « La rencontre », 2016.

VERBRUGH C., *Samuel Beckett, l'écrivain du néant*, Brussel, Uitgeverij Lemaitre, coll "50 minuten", 2015.

ICONOGRAFIE

Two Men Contemplating the Moon (1820), schilderij van Caspar David Friedrich, 1819-1820. De gereproduceerde foto wordt beschouwd als vrij van rechten.

*We horen graag van jou! Laat
een reactie achter op jouw online bibliotheek
en deel je favoriete boeken op social media!*

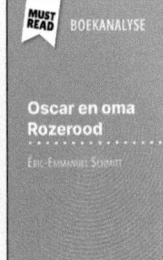

De uitgever garandeert de betrouwbaarheid van de gepubliceerde informatie, die echter niet onder zijn verantwoordelijkheid valt.

www.50minutes.com

Master ISBN: 9782808688437
Papier ISBN: 9782808699839
Wettelijk depot: D/2023/12603/1263

Omslag: © Primento

Digitaal ontwerp: Primento, de digitale partner van uitgevers.